Marisa ama a su madrina

Mi nombre es Marisa, tengo siete años. Me gustaría hablarte de mi madrina Joan. Para mí ella es la mejor madrina del mundo porque nunca está demasiado ocupada cuando se trata de mí. Juega conmigo y nos hace reír a mí y a mi hermano Jimmy. Nos vemos siempre en Misa y nos sentamos juntas. A veces hasta rezamos juntas por teléfono nuestras oraciones de la noche. Mi madrina me hace sentir especial, me da grandes abrazos cada vez que la veo. Yo le hago dibujos y así le muestro lo especial que es para mí.

Marisa es una niña muy afortunada. Ha sido bendecida con una madrina que se toma en serio su compromiso de ayudar a los papás de Marisa a transmitirle la fe católica. Conforme vamos leyendo estas palabras de Marisa, podemos hacernos una mejor idea de quién es su madrina Joan:

- escucha
- sus relaciones son su prioridad
- tiene sentido del humor
- alimenta su vida de oración tanto en casa como en la iglesia
- es cariñosa
- aprecia a sus seres queridos, y
- atiende a las necesidades de los demás.

Las personas de fe que se preocupan por los demás resultan ser también buenos padrinos. Llegar a ser un padrino como Joan requiere muchos años de dedicación y comienza por captar desde antes y durante la ceremonia bautismal el verdadero espíritu de ser padrino. La ceremonia sacramental es el fundamento sobre el cual comienzas a construir el gran padrino que hay en ti.

La clave de tu preparación para el padrinazgo radica en sumergirte en los símbolos y en los rituales de la ceremonia. ¿Qué tipo de padrino tuviste tú? ¿Qué tipo de padrino quieres ser?

Serie de preparación para los sacramentos de Liguori Publications

Tu guía para ser Padrino

Jim Merhaut

Imprimi Potest: Stephen T. Rehrauer, CSsR,
Provincial de la Provincia de Denver Los Redentoristas

Publicado por Libros Liguori, Liguori, Missouri 63057
Para hacer pedidos llame al 800-325-9521.
Liguori.org

ISBN 978-0-7648-2704-4

Libros Liguori, una corporación sin fines de lucro, es un apostolado de los Padres y Hermanos Redentoristas. Para más información, visite Redemptorists.com.

Impreso en Estados Unidos de América
Primera edición
25 24 23 22 21 / 6 5 4 3 2

Diseño de la portada: John Krus
Imágen de la portada: Shutterstock

Alguien te invita a que te conviertas en padrino

¿Qué haces cuando alguien te pide que seas su padrino? Esa pregunta tiene muchas respuestas. El hecho es que ahora una ceremonia bautismal aparece en tu calendario, y tienes que prepararte para ella. Una buena preparación es clave para obtener grandes resultados. Este folleto te preparará para ello. Primero, comencemos por darle una ojeada a los cinco requisitos básicos establecidos por la Iglesia Católica para los padrinos. El padrino de bautizo:

- ❑ es invitado por los papás/ tutores del niño para convertirse en su padrino
- ❑ tiene por lo menos 16 años de edad (en algunas diócesis la edad puede variar, los párrocos pueden considerar hacer excepciones)
- ❑ es un católico que ha recibido los sacramentos de la Eucaristía y la Confirmación y que será un buen ejemplo para el niño (hablaremos de esto más adelante)
- ❑ ni ha sido sancionado ni está en el proceso de quedar sancionado con la pena de excomunión; y
- ❑ no es el papá del niño

Los no católicos bautizados pueden actuar como *padrinos-testigos* bajo la condición de que el otro padrino sí sea católico.

Los **cinco** requisitos nos ofrecen una oportunidad de llegar al corazón de lo que significa ser un buen padrino. Examinémoslos un poco más de cerca.

La invitación: alguien realmente te ama

El primer requisito para ser padrino es que se te haga la *invitación*.

Podríamos decir que todo el cristianismo está basado en una invitación. Dios nos ha invitado para tener una relación con él.

Abraham, el hombre acerca del cual oímos en el capítulo 12 del Génesis, lo llamamos nuestro padre en la fe porque Dios lo invitó a tener una relación especial con él y Abraham la aceptó. Esta invitación y su aceptación representaron el inicio de nuestra fe cristiana.

¿Por qué Dios llama a Abraham? La respuesta más simple es que Dios amó a Abraham y pensó que sería una buena persona para extender el amor de Dios a los demás. ¿Por qué te invitan a ti a ser padrino? Alguien te ama y cree que tú serás una buena y amorosa influencia para su hijo o para su hija. Esa es la señal de que Dios tiene un plan para este niño y cree que tú ayudarás a que ese plan se cumpla.

¡La invitación que te hicieron tiene un profundo significado!

Cada vez que veas a tu ahijado, cada vez que alguien lo mencione y cada vez que pienses en él recuerda que Dios te ama y te tiene en gran estima así como los padres de tu ahijado, quienes te hacen una invitación sagrada. Conforme más aprecies y reflexiones en el amor que Dios y los demás te han tenido, serás más capaz de dar ese mismo amor especialmente a tu ahijado. Conforme vayas creciendo en este amor, date la oportunidad de imaginar y crear maneras sencillas de compartirlo con tu ahijado.

Madurez: ¿estás creciendo en sabiduría?

El segundo requisito es *la madurez.*

La edad mínima requerida es de 16 años normalmente.

Se supone que un católico dedicado y practicante desarrolla cada vez más un profundo amor por Dios y por los demás conforme crece en edad. Mucha gente tiene miedo de envejecer pero desde la perspectiva de la fe, envejecer es algo bueno porque cada día que pasa nos ofrece nuevas oportunidades para volvernos más sabios y para amar más. La sabiduría crece conforme servimos a Dios sirviendo a los demás.

Aquí te proponemos un pequeño ejercicio de sabiduría: en una hoja de papel haz una lista de tus actividades diarias así como de aquellas personas con quienes interactúas. Ahora, observa esa lista. Cada día, Dios te llama a realizar todo eso y a interactuar con toda esa gente desde una perspectiva de amor y de servicio. La medida en que veas esas actividades y esas personas con un sentido de servicio amoroso determinará en el largo plazo tu proceso de maduración en la fe además de tu progreso en el camino de la sabiduría.

La gente sabia piensa menos en lo que va a sacar de una relación y más en lo que va a dar a una situación o relación. Tal como dijo Jesús: "Hay más alegría en dar que en recibir" (Hch 20:35). Tu dedicación para madurar en tu fe sirviendo con un corazón servicial te ayudará a ser el mejor padrino. Tu buen ejemplo hará la diferencia en la vida de tu ahijado.

Iniciación plena: aprovecha la membresía

El tercer requisito para ser padrino católico es que seas *miembro de la Iglesia*.

El *Catecismo de la Iglesia Católica* dice que "para que la gracia bautismal pueda desarrollarse… el *padrino* y la *madrina*, deben ser creyentes sólidos, capaces y prestos a ayudar al nuevo bautizado, niño o adulto, en su camino de la vida cristiana" (CIC 1255). Tu rol como padrino consiste en ayudar a los papás a educar a su hijo como un católico comprometido. No serás capaz de conseguirlo si no eres católico comprometido. Un cristiano no-católico seguramente puede llegar a tener una influencia fuerte y positiva en la vida de fe de un católico, razón por la cual la Iglesia permite al cristiano no-católico participar en la ceremonia bautismal como testigo acompañante del padrino católico.

Sin embargo, el primer objetivo del Bautismo católico es iniciar a la persona en la íntima pertenencia a la Iglesia Católica. Es casi imposible alcanzar ese objetivo si una comunidad dedicada de católicos no arropa al nuevo miembro. El padrino representa esa comunidad y también es en cierta manera el primero en la lista de quienes representarán ante el niño en qué consiste ser un buen católico.

Tómate un momento para evaluar tu compromiso con tu fe católica:

- ¿De qué manera haces palpable to amor a Dios y a los demás como prioridades de tu vida?
- ¿Cuál es tu rutina de oración diaria?
- ¿Qué tan a menudo lees los Evangelios y demás textos bíblicos?

- ¿De qué manera profundizas en la comprensión de tu fe?
- ¿En qué medida participas en los programas de formación en la fe de tu parroquia?
- ¿Cómo incorporas la fe a tu trabajo?
- ¿Qué apostolados realizas en tu parroquia?
- ¿De qué manera sirves a los pobres?
- ¿Cómo demuestras tu preocupación por los encarcelados?
- ¿De qué manera atiendes las necesidades de quien se duele por un difunto?
- ¿Haces uso de los recursos de la tierra de manera respetuosa y cuidadosa?
- ¿Votas motivado por tus propios intereses? o ¿tienes en mente el bien común?

Estas preguntas no pretenden ser una lista para convertirse en "súper-católico"; simplemente quieren ser una ayuda para que pienses en la relación que hay entre tu fe y tus decisiones diarias. Lo que tú crees determina en gran medida cómo te comportas, y como te comportes hará la diferencia en la vida de tu ahijado.

Las sanciones de la Iglesia: toda organización tiene sus límites

El cuarto requisito para un padrino católico implica gozar de *buena fama* al interior de su parroquia.

La Iglesia está compuesta de seres humanos con limitaciones. A pesar de que nos esforzamos y esperamos participar en el reino perfecto de Dios, obviamente todavía no hemos llegado allá. En su primera entrevista como papa, entrevisa llamada "Un gran corazón abierto a Dios", se le pidió que se definiera sí mismo. Él respondió: "Soy un pecador. Esta es la definición más precisa. No es una forma retórica, ni una expresión literaria. Soy un pecador".

Todos somos pecadores y nos encontramos en puntos distintos de nuestro camino en la fe. No hace falta ser perfectos, pero sí hace falta buscar activamente crecer en nuestra relación con Dios y con la Iglesia si se quiere ser un gran padrino.

La Iglesia puede imponer la excomunión (restricción de la participación en los sacramentos y en la celebración de los ritos y del apostolado católico) u otra sanción menor a aquellos católicos que con plena conciencia y voluntad cometan una grave ofensa o no busquen el perdón y la reconciliación. Quienes están cumpliendo con ese tipo de sanciones no se consideran buen ejemplo para los demás católicos.

Haciendo equipo con los papás

El quinto y último requisito consiste en que el padrino no puede ser ninguno de los papás. Los padres son la influencia más importante en el crecimiento y el desarrollo de todo niño. Sin embargo, aquellos papás que intenten educar a sus hijos sin ninguna ayuda están destinados a fracasar. Cuando un niño se bautiza, la Iglesia le está recordando a los papás de manera inequívoca que no están solos y que necesitan ayuda. Una comunidad maravillosa y dispuesta a ayudar—la Iglesia—está lista y atenta para ayudar a los papás en la tarea más importante y desafiante que hayan enfrentado jamás.

Los padrinos son un signo visible del apoyo de la Iglesia a los papás. Investigaciones recientes sobre el desarrollo de niños y adolescentes muestran lo sabia que es la Iglesia al promover la existencia de padrinos comprometidos. El Instituto de investigación de Minneapolis ha identificado un marco ideal para el desarrollo del niño y del adolescente (www.search-institute.org/developmental-relationships/developmental-relationships-framework). Los niños que cuentan con muchos adultos atendiendo su formación y desarrollo son más propensos a recorrer sanamente su infancia y adolescencia. Son más propensos a desempeñarse bien en la escuela, a cuidar de su físico, a ser líderes positivos y a valorar la diversidad. También son más propensos a evitar el abuso de las drogas y del alcohol, el comportamiento violento y las experiencias sexuales destructivas. Hoy en día muchos expertos afirman que los niños necesitan en sus vidas por lo menos a cinco adultos confiables además de sus padres.

Los padrinos juegan un papel importante cuando se trata de mantener a nuestros hijos y a nuestras comunidades a salvo. Tu papel activo como padrino hará mayor bien del que te imaginas, y tu ausencia de la vida de este niño podría provocar muchas consecuencias no deseadas. El padrinazgo es una responsabilidad importante y de alto impacto.

Un aspecto hermoso del ser padrino es que ejercen su papel en completa libertad. Los padrinos no tienen obligación legal alguna para con sus ahijados. Tú no te convertirás en el tutor del niño en caso de que algo trágico sucediera a los padres. Lo que harás por ese niño será, a semejanza de la generosidad divina, una expresión libre e inmerecida de amor.

Preparándonos para la ceremonia bautismal

Ahora, echémosle un vistazo a cómo tu participación en la ceremonia requiere de ti una vida de ministerio en equipo con los papás. La ceremonia, rica en símbolos y rituales, es el fundamento del buen padrinazgo.

Recepción del niño

En esta primera parte de la ceremonia bautismal, el sacerdote, obispo o diácono saluda y da la bienvenida a cada uno, especialmente a ti y a los papás. Luego les hace preguntas muy específicas. Después de preguntar a los papás, te preguntará a ti si estás listo para ayudarlos en sus responsabilidades como padres cristianos. Tú responderás afirmativamente a cada una de las preguntas, en caso de que seas el único padrino. Ambos responderán afirmativamente si se trata de dos padrinos.

El celebrante traza el signo de la cruz sobre la frente del niño y pide a los padres que hagan lo mismo. Quizás también a ti te invite a trazar con tu pulgar el signo de la cruz sobre la frente del niño.

Al declarar públicamente que estás listo para ser padrino, te estás comprometiendo a ser un buen ejemplo de vida para este niño. Esto no significa que tengas que ser perfecto pero sí que debes trabajar en reconocer tus debilidades y en profundizar en tu relación con Cristo y con los miembros de la Iglesia.

PSAUMES 119
PSAUMES 119, 120

Liturgia de la palabra

La liturgia de la palabra es la parte de la ceremonia en la que escuchamos activamente algunas lecturas tomadas de la Biblia. "Activamente" significa que no solo oímos las palabras, sino que concentramos toda nuestra atención en su significado y ponderamos lo que nos invitan a hacer en nuestras vidas. El celebrante nos ayuda a escuchar a través de la homilía, una plática espiritual acerca de las lecturas.

Después de la homilía, se ofrecen oraciones por el niño, por la familia, y por la Iglesia. Una oración hará referencia a los padrinos. El celebrante pedirá la intercesión de los santos—. A partir de ahora contarás también con la ayuda de los santos para que triunfes en tu tarea de hacer que este niño se nutra de la fe. ¿Tienes devoción especial por algún santo? En caso de que no, este será un buen momento para que leas vidas de santos. Encuentra uno que te inspire. Haz una oración que te relacione con él. Apréndete su vida. Conforme tu ahijado vaya creciendo, háblale de ese amigo celestial.

Oración de exorcismo y unción antes del Bautismo

El celebrante pronunciará una oración llamada exorcismo y ungirá al niño con aceite. La oración de exorcismo expresa la voluntad de Dios y también nuestro deseo de proteger al niño del mal. La unción con aceite en el pecho es símbolo de la protección divina.

¿Piensas en ti mismo como en un protector de los niños? Como padrino, ese será una de tus responsabilidades. Sabemos que las cosas malas pasan y que tu ahijado estará expuesto a esas fuerzas. Piensa en maneras específicas de ayudar a tu ahijado a navegar a través de los retos que afrontará. Por mencionar un dato, en años recientes los accidentes han sido la causa principal de la muerte de niños. El siguiente *website* ofrece sugerencias sobre cómo mantener a los niños a salvo: safekids.org/.

Celebración del Sacramento

Las oraciones

Ahora nos dirigiremos al corazón de la ceremonia. El celebrante bendice el agua e invita a papás y padrinos a renunciar al pecado y a profesar su fe en la Iglesia. Se te pedirá también a ti que profeses tu fe únicamente si estás listo para aceptar tu responsabilidad como padrino. El celebrante hará algunas preguntas breves. Tú y los papás responderán "sí" a cada una de las preguntas.

El agua

¡El momento ha llegado! Justo antes del Bautismo con agua, el celebrante hace tanto a los padrinos como a los papás una última pregunta: "¿Es su voluntad que este niño sea bautizado en la fe católica?" Tú responderás "sí, lo es". Entonces el celebrante bautizará al niño con agua en el nombre del Padre, y del Hijo, y del Espíritu Santo.

El agua es un signo de que el pecado muere en nuestros corazones cuando Cristo nace en ellos. Conforme observas el rito del agua durante el Bautismo de tu ahijado, piensa en todas las maneras en las que tú también estás llamado a erradicar el pecado de tu propio corazón para que el amor de Cristo pueda crecer con más fuerza en él.

El aceite

A continuación, el celebrante unge al niño por segunda vez, esta vez en la parte de arriba de la cabeza, significando la unción mesiánica de Jesús como sacerdote, como profeta y como rey. Esta unción es un recordatorio de que este niño, está invitado a participar en el ministerio de Jesucristo. Cada cristiano está llamado a ser:

- **Sacerdote**—quien ofrece rituales a Dios en medio de la comunidad de los creyentes—.
- **Profeta**—quien escucha atentamente a Dios y proclama sin miedo su verdad de Dios—.
- **Rey**—quien conduce a los demás hacia Dios con su comportamiento inspirador y con sus sabias palabras—.

La vestidura blanca

Después de la unción se viste al niño con una vestidura blanca. A menudo se trata de una vestidura provista por la familia y es símbolo de la dignidad de pureza que recién recibirá este niño. El niño verdaderamente es una nueva creación en Cristo. Este símbolo también requerirá de ti renovar y proteger tu dignidad cristiana, así como la dignidad de los demás.

La vela encendida

La luz de Cristo arde en el corazón de todo cristiano. El mundo puede ver esta luz en tus acciones inspiradoras y en tus palabras de amor. En esta parte de la ceremonia el celebrante se dirige a los papás y a los padrinos mientras el niño recibe la vela bautismal, ya que ellos tendrán una particular responsabilidad de mostrar a este niño la luz de Cristo con su vida ejemplar.

Es posible que te pidan que enciendas la vela bautismal de tu ahijado tomando la luz del Cirio Pascual principal, encendido durante toda la ceremonia. El Cirio Pascual representa a Jesucristo, la vela bautismal representa su vida al interior de ese niño y la persona que enciende la vela representa la voluntad de familia y amigos—de hecho, la de toda la Iglesia y la de la comunidad de todos los santos en general—de ayudar al niño a crecer en la luz de Cristo.

Durante esta parte de la ceremonia reflexiona en todas aquellas personas que son luz de Cristo para ti. Y pide a Dios ser luz de Cristo para tu ahijado y para todos los demás.

***Effatá*: oración sobre oídos y boca**

Jesús tocó y curó a mucha gente mientras caminaba entre nosotros. Como signo del ministerio sanador de Cristo, el celebrante toca los oídos y la boca del niño. Este simple ritual simboliza el poder de Dios que abre nuestros oídos a escuchar su palabra y nuestras bocas para proclamar su mensaje.

El celebrante dirigirá a la comunidad en la oración final y en la bendición. Al final todos aceptan el desafío de irse en paz.

Tras la ceremonia: el ministerio continua

El ministerio de un padrino comienza con una propuesta, se define en la celebración bautismal y florece a su forma plena después de la ceremonia. En la ceremonia, asumes por y para el resto de tu vida un conjunto de por lo menos tres promesas. Estas tres, se relacionan entre sí formando una alianza—la cual es interpersonal, abarca toda la vida y está inspirada y sostenida por Dios—.

El padrinazgo es una ciencia y un arte. Hay mucho que sabemos sobre el padrinazgo efectivo que todos los padrinos pueden aplicar. Esto es lo que se ha sido estudiado científicamente y parece funcionar en todas las culturas y en todas las situaciones. La parte artística es la que nace de tu propio estilo creativo, de tus dones y talentos únicos, y queda determinada por la manera en la que tú elijas incorporarlos a la ciencia del cuidado de los niños. Los mejores padrinos conjugan de manera natural el conocimiento sobre el padrinazgo con las mejores partes de su personalidad. Así que, sea que tú ya seas padrino o sea que apenas hayas sido elegido para convertirte en uno por primera vez, pregúntate cómo puedes honrar tu promesa e incorpora esta información tan importante a la expresión natural de la persona que Dios ha querido que seas.

La alianza del Padrino

Seré testimonio de vida cristiana para mi ahijado.

Ayudaré a sus papás en la labor de proteger a mi ahijado del mal.

Ayudaré a sus papás a promover la bondad en la vida de mi ahijado.

Cumplir con la alianza del padrino

Ser testigos de vida cristiana

Los cristianos usan la palabra "testigo" en dos sentidos. El primero, lo tomamos del contexto legal. Un testigo en la corte es alguien que dice la verdad respecto de una persona o de un evento. Desde los primeros días del cristianismo de sello romano, a los adultos que querían convertirse en miembros de la Iglesia se les asignaba un *sponsor*. Se trataba de un cristiano dedicado en quien se podía confiar para testificar verazmente que esta persona era digna de recibir el Bautismo.

Conforme fue pasando el tiempo, la palabra "*sponsor*" se sustituyó en la tradición popular por la palabra "*padrino*". De la misma manera que un *sponsor* lo hacía en el pasado, los padrinos son llamados hoy en calidad de testigos en favor de niños. Solo que en la actualidad ya no cumplen con un testimonio orientado a probar que el niño es digno del Bautismo, ya que todo niño lo es. Como lo dice el *Catecismo* "Desde los tiempos más antiguos, el Bautismo es dado a los niños, porque es una gracia y un don de Dios que no suponen méritos humanos" (CIC 1282).

Hoy en día, el énfasis de la pregunta sobre la idoneidad para el Bautismo se enfoca más bien en la vida de los papás. Si los papás son cristianos dedicados, es seguro asumir que el hijo será criado para convertirse en un cristiano comprometido. El padrino no desempeña un papel significativo en cuanto testigo respecto de los padres. Este rol normalmente recae sobre el párroco o el sacerdote. Entonces ¿en qué medida son testigos los padrinos? Hoy en día, los padrinos son testigos por el hecho de que al transmitir las verdades divinas a través de sus palabras y acciones dan testimonio visible de su fe en Dios a este niño.

Administrar la vida en el hogar

Cada padrino tiene un hogar rentado, compartido o propio. Las visitas de tu ahijado a tu casa dejarán una impresión en él y quizás se conviertan en tu mejor oportunidad para explicarle las verdades de Dios tal y como tú las comprendes. Tu hogar es un elemento clave a la hora de dar testimonio de tu fe.

Considera estas preguntas y reflexiónalas:

- ¿La manera en que te haces cargo de tu hogar expresa con coherencia tu fe en Dios?
- ¿De qué manera administras tu tiempo, tus pertenencias y tus relaciones?
- ¿En qué medida tu hogar demuestra a los demás que eres seguidor de Jesucristo?

Resulta que tu ahijado de dos años viene a visitarte. Ponte en sus zapatos e imagínate cruzando la puerta de tu casa. Imagina que eres tu ahijado y considera estas preguntas:

¿Cómo soy recibido?, ¿se respeta mi timidez?, ¿se me ofrece un tiempo adecuado para familiarizarme con un entorno hasta ahora desconocido?¿Se me saluda por mi nombre?¿Qué es lo que veo?¿Hay a la vista signos de la fe?¿Lo que podría haber en la computadora o la televisión es una opción apropiada para mis ojos?¿Cómo me hace sentir el entorno?¿Es seguro para mí recorrer cada habitación?¿Se cuida de mí apropiadamente? ¿Todas mis necesidades físicas están cubiertas? ¿Encuentro lo necesario para comer y beber, así como ayuda pertinente en el baño? ¿Qué oigo? ¿Las conversaciones de los adultos y la música que oyen son apropiadas para mis oídos?¿Oigo una acción de gracias antes de comer?

Ahora imagina que tu ahijado tiene 8 años, o 12, o 16, o 25:

- ¿De qué manera tu hogar se convertirá en una expresión evidente de fe a lo largo de estos años de desarrollo de tu ahijado?
- ¿En qué medida tu ahijado se irá familiarizando con la fe por la imagen y la sensación del entorno sin necesidad de que tengas que siquiera mencionarla?
- Cuando tu ahijado haga preguntas sobre los signos de la fe en tu hogar, ¿qué palabras emplearás para expresar su significado?
- Cuando tu ahijado te pregunte sobre la Biblia que hay en tu librero o sobre la cruz que cuelga de la pared, ¿qué le dirás?
- ¿Qué cosas no estarán al acceso de los oídos o de los ojos en el interior de tu casa—cosas que quizá pueda haber en otras casas de tu vecindario—pero que no son compatibles con tu fe en Jesús?
- ¿Qué palabras emplearás para explicarle lo que rechazamos los cristianos?

Aquellas pertenencias de naturaleza no religiosa que hay en tu casa también dan testimonio de tu fe:

- ¿Los alimentos y las bebidas que consumes muestran que tienes una preocupación razonable por tu cuerpo (llamado templo del Espíritu Santo en la Biblia)?
- ¿Tus compras dan muestra del cuidado que tienes por tu "templo"?
- ¿Canalizas tu poder adquisitivo hacia aquellas compañías que tratan justamente a sus empleados?

Tus decisiones del hogar dan testimonio de tu fe y le enseñan a tu ahijado lo que crees acerca de Dios.

Trabajar por el bien común

El trabajo, remunerado o no, es más que una manera de hacer dinero o de cumplir con una tarea. El trabajo es una manera en la que Dios nos invita a participar en la tarea de dar forma a nuestras comunidades y al mundo. Dios siempre está trabajando para llevar al mundo a su perfección y nuestro trabajo diario expresa la manera en que ayudamos a Dios con ese trabajo divino. No importa el tipo de trabajo que hagas, lo que importa es cómo lo haces. ¿Trabajas con la única intención de conseguir tus propios intereses?, ¿o trabajas por los intereses de la humanidad?

La manera en la que trabajas importa. La actitud con la que llegas a tu trabajo refleja tu integridad personal, la cual es parte del testimonio de fe que das a tu ahijado. Si haces trampas en el trabajo, engañar se volverá parte de quién eres. Si haces tu trabajo a medio gas, tu esfuerzo mediocre se colará a otras áreas de tu vida. Si frecuentemente no das lo mejor de ti en el trabajo, te convertirás en una persona que no dará lo mejor de sí. Tu ejemplo de mediocridad será testigo desfavorable ante tu ahijado.

Por lo tanto, si limpias pisos y vacías botes de basura como manera de ganarte la vida, hazlo con la conciencia de que haces un servicio esencial a la humanidad, un servicio que literalmente salva vidas pues contribuye a tener a las bacterias dañinas bajo control. En todo trabajo hay dignidad, pues nosotros, los hombres, somos quienes lo hacemos. Cada día pídele a Dios por aquellos que se benefician de tu trabajo. Extiende un espíritu positivo entre aquellos colaboradores tuyos, trabajando duro y compensándolos verbalmente cuando hagan contribuciones a la institución. Habla con tu ahijado regularmente acerca de tu trabajo. Compárele los beneficios que trae a la comunidad. Cuéntale lo que te gusta de tu trabajo. Cuenta anécdotas positivas y ejemplares acerca de tus colaboradores. Evita quejarte de tu trabajo. La manera en la que trabajas y la manera en la que hablas de tu trabajo tendrán una fuerte influencia en tu ahijado. Tu trabajo diario es parte clave de tu testimonio como cristiano.

Participar en comunidad

Además del tiempo que dedicas a tu hogar y del tiempo que pasas en el trabajo, también tienes tiempo libre. Una parte de ese tiempo la pasas solo pero otra parte se la das a los demás: a tu comunidad familiar, a tu comunidad de amigos, a tu comunidad eclesial, y a la comunidad en general. La participación en comunidad es otra manera en la que formas tu carácter para bien o para mal. La manera en la que participas en la comunidad es parte importante de tu testimonio cristiano ante tu ahijado:

- ¿De qué manera destinas tiempo suficiente para la familia, para los amigos, para la iglesia y para actividades sociales, además del tiempo constructivo que reservas para ti?
- ¿De qué manera das ejemplo a tu ahijado de manejo eficiente del tiempo?
- ¿En qué medida la manera en la que repartes tu tiempo expresa cuáles son tus prioridades?
- ¿En qué medida la manera en la que repartes el tiempo expresa tu fe en Jesús?
- ¿Qué diría un observador externo de la manera en que hablas y te comportas con tu familia y con tu círculo de amigos?

- Cuáles son las características positivas y las negativas de tu familia?
- ¿De qué manera puedes alentar los rasgos positivos de tus acciones y de tus palabras y en qué medida puedes restringir los rasgos negativos especialmente cuando estás con tu ahijado?

Serás un testigo más efectivo de fe cristiana para tu ahijado si el perdón y la reconciliación son la prioridad de tus relaciones. Si necesitas reconciliarte con algún miembro de tu familia ve planeando el primer paso. Si el conflicto es serio y profundo acude a un experto antes de hacerlo.

Algo importante para un padrino debe ser el tiempo que dedica a la Iglesia. Asiste a Misa cada semana. Participa activamente, cantando, escuchando las lecturas, rezando con atención las oraciones, permitiendo que la homilía inspire un cambio positivo en tu vida e interactuando con los demás fieles. Explícale a tu ahijado la manera en la que la Misa hace la diferencia en tu vida. Sé muy específico en identificar la manera en que algo que viste en las lecturas, en las oraciones o en la homilía va a cambiar la manera en la que vivirás esta semana.

Además de la Misa a la que ya asistes, participa activamente en por lo menos un ministerio de tu parroquia. Cada comunidad eclesial te ofrece múltiples maneras para que los fieles hagan voluntariado. Cuéntale a tu ahijado cómo te comprometes tú. Si es posible, inscríbete a un apostolado que puedan llevar a cabo juntos.

Participa en por lo menos una organización civil. Escuelas locales, gobiernos locales y otras organizaciones comunitarias tienen necesidad de voluntarios. Ofrece tu tiempo de una manera que se pueda hacer buen uso de tus talentos.

IGLESIA NI CRISTO
INTERNATIONAL AID FOR HUMANITY

Los cristianos damos especial atención a las organizaciones que sirven a los pobres y a los miembros desplazados de nuestras comunidades.

Habla con tu ahijado acerca de cómo y porqué tú compartes tu tiempo y tus dones particulares con tu comunidad. Si es posible, invita a tu ahijado a hacer voluntariado contigo. Ayuda a tu ahijado a descubrir sus dones particulares para que los comparta regularmente con la comunidad.

Proteger del mal a tu ahijado

Recuerda que la oración de exorcismo y el óleo bautismal significan que Dios nos protege de las fuerzas del mal y que la comunidad eclesial debe proteger a sus miembros de las fuerzas del mal. Los padrinos tienen la responsabilidad de ayudar a los padres en la labor de educar a sus hijos de manera que se minimicen los efectos del mal en la vida de su hijo.

¿Significa esto que vas a combatir al demonio? Bueno, en cierta manera, todo mundo está metido en esa batalla. Los resultados del mal en el mundo resultan evidentes, cuando nos damos cuenta de que los niños y los adolescentes se enredan en comportamientos riesgosos o mortales tales como el abuso del alcohol, las drogas, la deshonestidad en la escuela, el sexo casual, la violencia, la automutilación y el suicidio. Es un hecho que hoy en día niños y adolescentes adoptan posturas destructivas como el racismo, el sexismo, la apatía, el aislamiento y la indiferencia religiosa.

Otros signos del mal en el mundo son los crímenes cometidos contra los niños, crímenes tales como el *bullying*, el maltrato, el abuso físico y emocional, la

violación, el secuestro y el asesinato. Todas estas posturas y crímenes son males contra los cuales los niños necesitan estar protegidos.

El Bautismo trabaja en contra del mal en el sentido de que el niño ha sido iniciado en una comunidad de fe que lo protege. Dios no protege a los niños del mal haciendo uso de magia. Más bien, Dios convoca a la comunidad eclesial bautizada a proteger activamente a sus miembros. Los padrinos tienen una responsabilidad particular de trabajar contra estas malas influencias en bien de sus ahijados y de todos los niños.

Afortunadamente existen muchas maneras simples, prácticas y probadas de proteger del mal a los niños. Un padrino puede hacer mucho para liberar el poder de la protección de Dios sobre su ahijado. Numerosos estudios muestran una fuerte conexión entre el desarrollo sano de un niño y la influencia positiva de un adulto que refuerza la influencia de los padres.

Los padres tienen la influencia más fuerte en el desarrollo sano del niño y tienen también la mayor responsabilidad respecto de la educación de sus hijos. Cada vez, más y más estudios, sin embargo, muestran que es importante que los papás se alíen con otros adultos que les ayuden activamente a educar a sus hijos. Los padrinos pueden ser refuerzos particularmente útiles.

Cuando rechazas las drogas, o cuando no abusas del alcohol ayudas al mismo tiempo a proteger a tu ahijado del abuso de las drogas. Tú puedes reforzar la influencia positiva que tengas sobre tu ahijado bebiendo responsablemente en su presencia y hablando abierta e intencionalmente de por qué bebes con responsabilidad.

Puedes tener conversaciones específicas con tu ahijado respecto de beber responsablemente o, si en alguna ocasión te das cuenta de que te está escuchando mientras hablas con otros, aprovecha para sacar el tema. Recuérdalo, los niños te escuchan incluso cuando jurarías que no. Cuando otros abusen del alcohol en presencia de tu ahijado permítele expresar cualquier sentimiento incómodo respecto de la situación.

Muchas estadísticas muestran que los accidentes, incluyendo los automovilísticos que involucran adolescentes, representan las mayores amenazas a la vida y a la integridad de niños y adolescentes. La supervisión insuficiente, la falta de entrenamiento apropiado o la combinación de las dos incrementa la probabilidad de accidentes. Con frecuencia, si hemos aprendido a algo que hemos venido practicando por años se convierte en una segunda naturaleza, tanto que empezamos a pensar que cualquiera puede hacerlo. Los adultos saben cómo hacer muchas cosas que niños y adolescentes no pueden. Por ejemplo, usar un cuchillo para cortar vegetales o frutas es una habilidad aprendida. Un niño puede aprender por ensayo y error, o puede aprender por el buen ejemplo en la instrucción paciente. Ensayo y error pueden dejar a un niño sin un dedo. El buen ejemplo de instrucción paciente de parte de un adulto confiable puede ayudar a proteger los dedos de un pequeño.

Lo anterior puede parecer insignificante en una conversación sobre el padrinazgo, pero no lo es. Es bueno tener todos tus dedos funcionando ya que Dios quiere que estemos bien. Al enseñarle a tu ahijado a usar el cuchillo estás cooperando de una manera simple pero real con la voluntad de Dios.

Promover la bondad en ti y alrededor de tu ahijado

Recuerdas el simbolismo del cirio encendido del que antes hablábamos. Todo aquello que los adultos hacen para promover la bondad en sus vidas y la de sus comunidades les ayuda a hacer más visible la luz de Cristo a los niños. Promover la bondad es la manera en la en la que tú haces vida ese gesto sencillo de pasar un cirio encendido a tu ahijado.

Promover la bondad es la otra cara de la moneda de protegerlo del mal. Construir buenas comunidades, trabajar en construir buenas relaciones, tener buenas conversaciones y actuar bien. En general son las mejores maneras en las que los adultos pueden guiar a los niños hacia la bondad y lejos del mal.

De nuevo, numerosos estudios muestran la relación que existe entre el buen ejemplo de los adultos y su influjo en el comportamiento de los niños. Los niños que frecuentemente están rodeados de adultos (por lo menos cinco adultos que no sean sus papás) atentos y ejemplares reportan altos niveles de felicidad, les va mejor en la escuela, son exitosos en las relaciones con sus semejantes y con personas de otras edades, se ofrecen como voluntarios para buenas causas y aprecian la diversidad.

Otros estudios muestran que los niños están más predispuestos a relacionarse con su comunidad de fe en la adultez si contemplaron a sus papás y a otros adultos cultivando su propia fe a través del estudio frecuente, de la charla abierta sobre temas de fe con adultos y niños incluso fuera de su iglesia, y mediante la expresión de la fe en el servicio generoso a los demás. Los padrinos están llamados a hacer todo esto con el fin de lograr que la luz de Cristo

ilumine con todo su esplendor de tal manera que su ahijado encuentre con más facilidad la senda de Cristo.

Una de las maneras más simples de promover la bondad tanto en el interior como alrededor de tu ahijado es identificar y expresar aprecio por todo lo bueno, dondequiera que lo veas.

Ayuda a tu ahijado a ser consciente de los regalos que Dios le ha dado así como de sus talentos. Descubre qué es único en tu ahijado así como lo que le apasiona.

Habla con él acerca de estos talentos y dones, observa la manera en la que tu ahijado se va desarrollando y transformando, para animarlo a crecer en estas áreas.

Tus comentarios le ayudarán a encontrar el propósito para el que fue creado.

Ofrece genuina alabanza cuando tu ahijado diga o haga una buena acción. Sé muy atento en especial con aquellas acciones caritativas que le ayuden a mejorar relaciones fundamentales, tales como su relación con sus papás, con sus hermanos, con sus maestros y con sus amigos. Tener relaciones sanas es un elemento clave en la búsqueda de la felicidad, a la vez que constituye el camino más seguro para establecer una relación sana con Dios. Al ayudar a tu ahijado a desarrollar la habilidad de relacionarse le ayudarás a encontrar felicidad en la vida además de una auténtica conciencia espiritual. Las ideas discutidas más arriba respecto de tu participación en la vida de tu ahijado y en tu comunidad te ayudarán a promover la bondad a su derredor. Sin embargo, tú también puedes promover esa bondad en la medida en que tu vida lo ayude a pensar constantemente en ser bueno. Pon mucha atención al tono de tus conversaciones con él. Pon mucho cuidado de no orientarlo a la queja y a la negatividad.

DONATION
BOX

Anima a tu ahijado a ver y a contar las bendiciones de la vida comenzando por señalarle todas las cosas y personas buenas presentes en su vida. Una vez que aprenda a escribir, considera la idoneidad de llevar un diario de gratitud junto con tu ahijado. Crearle el hábito de dar gracias le ayudará a vivir en un entorno de bondad abundante. La gente agradecida es con frecuencia más feliz y más sana que la gente que no puede ver o encontrar la bondad.

Deberes de los padrinos

Ayudar a los papás

Los buenos padrinos saben bien cuál es su lugar, son asistentes no jefes. Los padrinos juegan un rol de apoyo más que de liderazgo. Los padres son las estrellas en las vidas de sus hijos y los padrinos ayudan a los padres en la tarea de transmitir los valores cristianos a sus hijos.

El *Catecismo* dice respecto del papel de los padres y de los padrinos: "Para que la gracia bautismal pueda desarrollarse es importante la ayuda de los padres. Ese es también el papel del *padrino* o de la *madrina*, que deben ser creyentes sólidos, capaces y prestos a ayudar al nuevo bautizado, niño o adulto, en su camino de la vida cristiana (…) Toda la comunidad eclesial participa de la responsabilidad de desarrollar y guardar la gracia recibida en el Bautismo (1255).

Es muy importante conocer y entender las expectativas que los papás abrigan respecto del padrino de su hijo. Dando por supuesto que los papás de tu ahijado promueven la verdad en el interior y alrededor de tu ahijado, necesitas tú también apoyar sus directrices en todas aquellas actividades y conversaciones que tengas con él. Al comunicarte regular y claramente con los padres acerca de tu rol en la vida de su hijo, jugarás de manera fructífera tu rol de asistente.

Otra manera de nutrir tu función de asistente puede ser ayudar a tu ahijado a entender y apreciar el amor que sus padres le tienen, especialmente cuando atraviese la adolescencia y crezcan las tensiones padre-hijo. Tu habilidad para encauzar esas tensiones sin disminuir la autoridad de los papás será un gran regalo que harás tanto a tu ahijado como a sus papás.

Manejo de crisis

Tu ahijado afrontará muchos retos. En esos momentos de turbulencia él depositará su confianza en ti. A través del estudio de puntos de vista de expertos esfuérzate por ofrecer el mejor consejo posible conforme vayan surgiendo estas dificultades:

- Cuando tu ahijado enfrente el *bullying*, pide a tu párroco o a algún maestro o consejero reconocido que te oriente en cómo ayudar a tu ahijado a superar esta crisis.
- Cuando tú ahijado alcance la adolescencia, habla con sus papás acerca de sus principales áreas de preocupación. Tú puedes convertirte en una voz de apoyo en estas áreas.
- Cuando tu ahijado empiece a manejar, está atento a las reglas del manejo responsable. Sé para él modelo de esto en tu propio coche, además de explicarle cómo se debe manejar.

Regalos con significado

Los regalos son parte esencial de toda buena relación. Son una manera en la que podemos ser como Dios, quien da infinitamente. Pero el regalo se puede distorsionar cuando damos de manera inapropiada. Los regalos para los ahijados deben reflejar la belleza de la integridad de la relación padrinoahijado. Los mejores regalos se enfocan menos en nosotros y más en quien los recibe. He aquí algunas sugerencias de regalos:

- **Grabaciones de sonido:** graba las voces de los participantes en la ceremonia el día del Bautismo de tu ahijado. Dale la grabación a tu ahijado en un momento importante de su vida como su primera Comunión o su Confirmación.
- **Un *scrapbook*:** haz una libreta con eventos mundiales importantes sucedidos el día en que tu ahijado se bautizó. Pon especial énfasis en los eventos religiosos.
- **Nombres enmarcados:** investiga la historia y el significado del nombre de tu ahijado. Utiliza un papel especial para imprimir en él algunos párrafos relacionados con su nombre. Enmárcalo y dáselo a tu ahijado.
- **Su santo patrono:** compra libros o algunos sacramentales (imágenes, broches, medallas) que representen la vida del santo bajo cuya protección bautizaron a tu ahijado.
- **Recordatorio del aniversario de Bautismo:** enmarca una copia del acta bautismal de tu ahijado y dásela en el aniversario de su Bautismo.

Ser el padrino desde lejos

Los padrinos que viven en la misma ciudad que su ahijado tienen una ventaja clarísima por sobre aquellos que viven en ciudades, estados o países distintos. ¿Qué puede hacer un padrino para estar efectivamente presente cuando vive lejos de su ahijado?

Sin duda la tecnología será parte de la solución para muchas relaciones padrino-ahijado de larga distancia. Las redes sociales y la comunicación audio-video en vivo ofrecen muchas oportunidades para ver y hablar con nuestros ahijados. El uso de las redes sociales también te permitirá estar en contacto con las amistades de tu ahijado. Recuérdalo, es muy importante que guardes los límites apropiados con los demás niños y adolescentes que encuentras en estos sitios. No olvides el correo, la clásica carta escrita a mano hará muy feliz a tu ahijado, ya que hoy en día esta resulta novedosa para las jóvenes generaciones.

Nunca es demasiado tarde

Quizás eres padrino ya desde hace un tiempo y no has estado en contacto con tu ahijado. Nunca es demasiado tarde para reencender tu relación. Perdónate por haberla abandonado y comienza de nuevo hoy. Toma el teléfono o la computadora, discúlpate por no haber estado en contacto y pónganse de acuerdo para verse o para comenzar a comunicarse de manera más regular. Te alegrarás de haberlo hecho.

El consejo final para todo padrino: nutre la relación en la manera que puedas. Tú prometiste a los papás ayudarlos a transmitir la fe católica a su hijo, tu ahijado. Es importante que cumplas tu promesa para que manifiestes la relación única y maravillosa que tú y tu ahijado son capaces de construir.

Oración por los padrinos

Dios amoroso y generoso, Tú nos has inspirado al cuidado paternal a través del ejemplo perfecto que nos diste en tu relación con Jesús, tu Hijo. Gracias por llamarme a este ministerio del padrinazgo. Hazme un padrino digno. Perdona mis caídas y bendice mis triunfos. Cuida a mi ahijado, (nombre), hoy y todos los días, bendice también a sus papás, (nombres). Llénanos con tu amor y vida para que nuestra relación sea una bendición para el mundo. Amén.

Mi ahijado

Nombre completo ___________________________

Papá(s) ___________________________

____

Padrinos ___________________________

____

Fecha del Bautismo ___________________________

Parroquia ___________________________

Celebrante ___________________________

Santo patrón y día que se celebra

____

____

____

____

____

Momentos sagrados

Nombre completo ______________________________

Primera Confesión

Fecha __________ Parroquia ______________________

Primera Comunión

Fecha __________ Parroquia ______________________

Confirmación

Fecha __________ Parroquia ______________________

Santo protector ______________________________

Patocinador ______________________________

Graduation

Fecha __________ Parroquia______________________

Fecha __________ Escuela______________________

Otros eventos especiales

____

Fecha ________ Lugar ________________________

____

Fecha ________ Lugar ________________________

____

Fecha ________ Lugar ________________________

Fuentes

Catecismo de la Iglesia Católica http://www.vatican.va/archive/catechism_sp/index_sp.html, Edición digital. Consultado en 2015.

Código de Derecho Canónico http://www.vatican.va/archive/ESL0020/_INDEX.HTM. Consultado en 2015.

Creative Ideas for Godparents, Catherine A. H. Walker, Liguori Publications, Liguori, MO, 2007.

Spadaro, Antonio, S.J. "A Big Heart Open to God." *America.* September 30, 2013. americamagazine.org/print/158316.Consultado en 2015.

"The 40 Developmental Assets for Adolescents," Search Institute. search-institute.org/research/developmental-assets. Consultado en 2015.

Ser padrino es un honor, una bendición y un compromiso que dura toda la vida. Como padrino tú eres símbolo de la Iglesia, testimonio de la fe y miembro clave en la transmisión de los valores y virtudes a la siguiente generación. Haciendo uso de soluciones prácticas y actividades sencillas este librito delínea las responsabilidades del papel de los padrinos, a la vez que los guía en el camino, que va desde la ceremonia hasta la niñez de su ahijado. Como parte de la *Serie de Preparación para los Sacramentos de Liguori Publications* esta herramienta práctica de formación constituye un medio ideal para quienes se acercan por primera vez al padrinazgo o para quienes han estado alejados de su ahijado.

Jim Marhaut es ministro consultor y presidente del Centro de Educación y Espiritualidad Villa María en Villa María, Pensilvania. Esposo, padre de cinco hijos, autor ganador de diversos reconocimientos, coach de relaciones y veterano en la formación de la fe, ha dado conferencias en todo el país sobre diversos temas de familia y espiritualidad.

Sacramentos/Bautismo
ISBN 978-0-7648-2704-4